Jürgen Eigner & Holger Gerth

Das grüne Netz

Unsere Knicklandschaft in Schleswig-Holstein

Herausgegeben
von dem Schleswig-Holsteinischem Heimatbund
und den NaturFreunden Landesverband
Schleswig-Holstein

Fotografien aus der Wanderausstellung
»Knicks – grüne Adern der Kulturlandschaft«
der Marius-Böger-Stiftung, Plön,
sowie von Jürgen Eigner u.a.

KJM Buchverlag

Gefördert durch BINGO! Die Umweltlotterie

Oktober 2020

Simrockstr. 9a, 22587 Hamburg
www.kjm-buchverlag.de
ISBN 978-3-96194-116-2

Lektorat: Katrin Köhler, Hamburg
Korrektorat: Andrea Wolf, Hamburg
Umschlaggestaltung: Rothfos & Gabler, Hamburg
unter Verwendung eines Fotos von Henning Thiessen
Herstellung, Satz und Gestaltung: Eberhard Delius, Berlin
Lithographie: Reihs Satzsudio, Lohmar
Druck & Bindung: Belvédère, Oosterbeek, Niederlande
Printed in Europe

Mehr über unsere Bücher
www.kjm-buchverlag.de

Inhalt

Vorwort

Ein wichtiges Anliegen des Schleswig-Holsteinischen Heimatbundes (SHHB) sowie der NaturFreunde ist es, Kultur und Natur unserer Heimat zu schützen und zu fördern. Ein besonderes Augenmerk liegt dabei auf den landestypischen Knicks, die von historischer und gleichermaßen von ökologischer Bedeutung sind. Sie prägen unsere Kulturlandschaft und das Landschaftsbild seit Jahrhunderten. Das Knicknetz macht unsere Landschaft einzigartig, weil es abwechslungsreich und den unterschiedlichen Naturräumen angepasst ist. Dabei stellen Knicks ein Ökosystem von ungeheurer Vielfalt an Pflanzen und Tiere unseres Landes dar, die in unserer ansonsten immer ärmer werdenden Kulturlandschaft ein wichtiges, nachhaltig stabiles Element der Biodiversität bilden.

Im waldarmen Schleswig-Holstein mit nur rund 11 Prozent Waldanteil bilden Knicks mit ihren linienförmigen Wällen und Überhältern ein grünes Netz, das zur Vernetzung der Landschaft wesentlich beiträgt. So gibt es insgesamt 85 Knicktypen mit einem vielfältigen Artenreichtum. Diese Knicktypen von Nordfriesland im Nordwesten bis Lauenburg im Südosten sind das ganze Jahr über mit den unterschiedlichen Blütenaspekten vom erwachenden Frühjahr bis zum bunten Herbstlaub sowohl für Einheimische als auch für unsere zahlreichen Gäste zusätzliche attraktive Räume der stillen Erholung. Knicklandschaften locken vor allem dann Touristen an, wenn die Küsten an Nord- und Ostsee ihre Attraktivität nicht vollständig entfalten können.

Knicks schützen vor Winderosion und erhöhen die Bodenfruchtbarkeit der Äcker, sie liefern Holz und Früchte. Mit dem Klimawandel wächst ihre Bedeutung für das Kleinklima und die Bindung von CO_2.

Zum Erhalt der Vielfalt und der Besonderheiten der Knicks ist es wichtig, diese geschützten Landschaftselemente regelmäßig im Sinne der jahrhundertealten Tradition zu pflegen. Der SHHB hat deshalb schon vor mehr als zehn Jahren gemeinsam mit dem Bauernverband und Naturschützern einen Wettbewerb um den am besten gepflegten Knick in Schleswig-Holstein durchgeführt, den die BINGO-Umweltlotterie gefördert hat. Landwirte, die ihre Knicks in einem optimalen Zustand halten, wurden ausgezeichnet. Dieser Wettbewerb wurde im Jahre 2017 wiederholt, nachdem neue Regelungen zum Schutz und zur Pflege der Knicks in Schleswig-Holstein erlassen wurden. Die ausgezeichneten Landwirte sind heute noch stolz auf ihre prämierten Knicks und bewahren diese im Sinne des Natur- und Kulturschutzes.

Mit diesen Wettbewerben hat der SHHB das Bewusstsein

für die Schutzwürdigkeit und die notwendige vorbildliche Knickpflege in die breite Öffentlichkeit tragen können. Wir wollten nicht auf Schäden und weniger gut behandelte Knicks hinweisen, sondern Vorbilder hervorheben und präsentieren. Dies ist auch das Anliegen des vorliegenden Buches. Mit den prächtigen Bildern und den präzisen, knapp gefassten Texthinweisen sollen sowohl die Vielfalt des Ökosystems als auch die Schönheit und der Erholungswert dieser Landschaft »ins Bild gesetzt« werden.

Um den Knickschutz zu fördern, wird der SHHB zukünftig Lehrgänge zur Knickpflege für Landwirte, kommunale Bauhöfe und Lohnunternehmer anbieten. Unser Ziel ist es, dass sich das ökologisch und historisch bedeutende Knicknetz auch in den nächsten Jahrzehnten in einem guten Zustand zeigen kann. Die BINGO-Umweltlotterie fördert dankenswerterweise auch dieses Projekt.

Die NaturFreunde praktizieren seit ihrer Gründung die Nachhaltigkeit, sei es beim Natursport wie Wandern oder im praktischen Umwelt- und Naturschutz. Ziel der NaturFreunde ist es, das Naturerleben sowie das Verständnis für die Schönheit, Einzigartigkeit und Schutzwürdigkeit unserer Natur und damit auch unserer Knicks zu fördern.

Gemeinsam haben daher der Schleswig-Holsteinische Heimatbund und die NaturFreunde Deutschland dieses Buch mit dem

Titel »Das grüne Netz – Unsere Knicklandschaft in Schleswig-Holstein« herausgegeben und danken der BINGO-Umweltlotterie für die finanzielle Unterstützung. Unser Dank gilt besonders den Autoren und Fotografen für das gelungene Buch, das die Leser an die Knicks in Schleswig-Holstein heranführen und deren vielfältige Lebenswelt vermitteln möge.

Dr. Jörn Biel, Präsident des
Schleswig-Holsteinischen Heimatbundes

Hans-Jörg Lüth, Vorsitzender der NaturFreunde
Landesverband Schleswig-Holstein e.V.

www.heimatbund.de
www.naturfreunde-sh.de

Sommerliche Knicklandschaft mit Überhältern

Jürgen Eigner

Entstehung und Anlage der Knicks in Schleswig-Holstein

Heckenlandschaften wie die schleswig-holsteinischen Knicks findet man verbreitet im atlantisch geprägten Westen des europäischen Kontinents von Dänemark bis nach Nordportugal, einschließlich der Britischen Inseln mit Irland. Die Anlage von Hecken, Wallhecken oder auch einfachen (Stein-)Wallsystemen steht hier, wie auch in einigen Mittelgebirgen Deutschlands, im Zusammenhang mit der klimatisch begünstigten Grünland-(Weide-)Wirtschaft und damit der Notwendigkeit, das Weidevieh von den Ackerflächen und Gärten fernzuhalten.

Teilweise lässt sich diese Art der Einzäunung mit Wällen bis in die Steinzeit zurückverfolgen. Bei uns stammt die erste urkundliche Erwähnung der Knicks aus dem Jahre 1555. Seit dem 17. Jahrhundert entstanden hier weitere dieser Knicks zur Einzäunung von Hofkoppeln sowie um große, gemeinschaftlich ackerbaulich genutzte Schläge, um sie vor dem damals noch frei herumlaufenden Weidevieh zu schützen.

Die Masse der schleswig-holsteinischen Knicks jedoch

wurde im Zuge umfangreicher Agrarreformen während des 18. und 19. Jahrhunderts planmäßig angelegt. Schleswig-Holstein gehörte damals zum dänischen Gesamtstaat und wurde seinerzeit in ähnliche Reformwerke in Dänemark einbezogen. Insgesamt handelte es sich in Europa um das Zeitalter der Aufklärung, rationales Denken hielt auch in der Agrarökonomie Einzug. Auch in anderen Bereichen Europas gab es verwandte Agrarreformen, Gemarkenteilungen etc. Auf der ostfriesischen Geest zum Beispiel entstand um diese Zeit unter preußischer Regie die Ostfriesische Wallheckenlandschaft. Auch hier existierte schon früher eine Wallheckenstruktur mit größeren Schlägen, »Kampen« genannt, die aus mit Plaggen gedüngten ackerbaulich genutzten Flächen bestand.

In Schleswig-Holstein sind die meisten dieser Wallhecken auf der Grundlage der Verkoppelungsgesetze des 18. Jahrhunderts errichtet worden. Vor dieser Agrarreform bestand die Landschaft aus einer vielgestaltigen Acker-, Weide- und Wiesenflur, die von Krattwäldern, Gebüschen, Brachen, Sümpfen, Mooren und Heiden durchsetzt war. Durch Verordnungen des dänischen Königs von 1766 und 1770 für den Landesteil Schleswig sowie von 1771 auch für den Landesteil Holstein wurden die Feldgemeinschaften und der bis dahin bestehende Flurzwang aufgehoben. Die Dorffluren und Gemeindeweiden und die alten Allmende-Flächen wurden vermessen und zum Teil neu zugeschnitten. Jeder Bauer bekam nun seinen eigenen Grund

und Boden zugewiesen, den er ausdrücklich mit Wall und »lebendem Pathwerk« einzukoppeln hatte. Dazu erschien bereits 1767 in Flensburg eine Art »Gebrauchsanweisung«, die »Oeconomisch-practische Anweisung zur Einfriedigung der Ländereien nebst einem Anhang von der Art und Weise wie die Feldsteine können gesprengt und gespalten werden« von Nicolaus Oest, damals Mitglied der Königlichen Dänischen Ackerakademie, mit einer Abbildung, die die einzelnen erforderlichen Arbeitsschritte zeigt (s. Abb.).

Sic sepimento denso concludimus arva,

Die Feldflur wurde neu aufgeteilt und neu vermessen. Feldgehölze wurden gerodet und die Sträucher auf die neu errichteten Wälle gepflanzt. Steine wurden gesprengt und/oder gespalten und dann in die neuen Erdwälle eingearbeitet. Außerdem entstand beim Aufschaufeln der Knickwälle, was mühsam mit dem Spaten erfolgte, ein wallbegleitendes Grabensystem, das bereits der Ent-

»Knickharfe« – Zeugnis des alten Zaunsystems

wässerung diente und somit auch eine Verbesserung der Nutzungsmöglichkeiten der Koppeln bewirkte. Die Wallseiten wurden mit Grassoden »gemauert«, oben auf dem Knickwall wurde eine grabenförmige Mulde zur anfänglichen Bewässerung belassen. Die Bepflanzung erfolgte in der Regel zweireihig, seltener einreihig. Die Anweisung enthält auch recht genaue Maßangaben: Die Gesamtbreite der Anlage mit den beiden Seitengräben umfasste immerhin 16 Zoll, entsprechend knapp 5 Metern, wobei der Wallfuß eine Breite von 7 Fuß, also gut zwei

Meter, hatte. Heute misst man in der Regel noch 2 bis 3 Meter Breite am Knickfuß.

Damit der Knick, insbesondere das Strauchwerk, als solide Einzäunung dienen konnte, wurden bereits bei der Pflanzung die jungen Schösslinge heruntergeknickt und miteinander verflochten, sodass sie bei ihrem weiteren Wachstum ein schwer durchdringbares Flechtwerk bildeten. Die Erneuerungsknospen schlugen dann senkrecht aus, auf diese Weise entstanden oftmals harfenförmige Gebilde. Nur selten sieht man heute noch solche »Knickharfen«, insbesondere aber sind sie auf der Hohen Geest zum Beispiel im Aukrug zu finden. Diese Besonderheiten sollte man natürlich pfleglich behandeln und der Nachwelt als Zeugen der alten Nutzung erhalten. Von diesem Vorgang des Herunterknickens stammt auch die ursprüngliche Bezeichnung der Knicks. Diese Art, Zäune zu errichten, ist in Europa offenbar uralt. Eine klassische Quelle dazu findet sich in Caesars »Gallischem Krieg« (Caesar, G. J.: De bello Gallico, Buch 2, 17). Er berichtet von den Nerviern, einem Stamm im heutigen französisch-belgischen Grenzgebiet:

»Um nun umso leichter räuberische Reitereinfälle ihrer Nachbarn aufzuhalten, hatten sie seit alter Zeit Zäune angelegt, indem sie noch biegsame Bäume anschnitten und zur Erde niederbogen, ihre zahlreichen Triebe seitlich herauswachsen ließen und Brombeer- und Dornsträucher dazwischen pflanzten. So hatten sie erreicht, dass diese Zäune mauerähnliche Befesti-

»Mehlbeeren« – die Früchte des Weißdorns

gungen bildeten, die nicht bloß den Durchgang, sondern selbst den Durchblick unmöglich machten.«

Es ist zu vermuten, dass Caesar die Zäune mit militärischem Blick gedeutet hat, obwohl sie wohl auch bei den Nerviern eher zur Einzäunung von oder zum Schutz vor Tieren angelegt wurden.

Auch die Forstwirtschaft wurde in Schleswig-Holstein in demselben Zeitraum durch die »Königliche Forst- und Jagdverordnung« von 1784 reformiert und damit das heutige System der modernen Forstwirtschaft auf den Weg gebracht. Das bedeutete, dass die Entnahme von Holz aus den Wäldern den Bauern nicht mehr gestattet war und so die Brennholzversorgung aus dem eigenen Knick erfolgen musste. Zu dem Prozess des gesellschaftlichen Wandels im 18. Jahrhundert in Schleswig-Holstein gehört auch die Aufhebung der bäuerlichen Leibeigenschaft, die im Zuge der Agrarreformen schließlich allgemein verbindlich zum 1.1.1805 erfolgte.

Aufsetzen des Knickwalls 1984

Durch diese Verkoppelung wandelte sich die Landschaft Schleswig-Holsteins zu der charakteristischen Knicklandschaft, in der die vor der Agrarreform verstreuten Waldelemente, Kratts und Gebüsche durch das nunmehr regelmäßig angeordnete lineare Knicksystem ersetzt wurden. Die Gehölzartenzusammensetzung ergab sich zunächst aus den verschiedenen Feldgehölzen und den benachbarten Wäldern, sodass die Knickflora im Wesentlichen die natürliche Waldvegetation abbildete, allerdings mit der Einschränkung, dass dabei bis heute diejenigen Gehölze gefördert wurden, die das regelmäßige Knicken, heute das »Auf-den-Stock-Setzen«, besonders gut ertragen können. Es entstand hierbei auch der Begriff des »alten bunten Knicks«.

Später, etwa ab der Mitte des 19. Jahrhundert, griff man dann auch auf Baumschulware zurück, was zu einer weiteren Anzahl von Knicktypen führte, die nur aus einer oder wenigen Gehölzarten bestanden, was sich bis heute kaum geändert hat.

Junge Haselnüsse, noch in den Fruchthüllen

Dabei wurden teilweise auch nicht heimische Gehölze eingeführt, wie etliche Knicks auf der nährstoffärmeren Geest mit dem Spierstrauch (verschiedene Spiraea- Arten) oder dem südosteuropäischen Flieder (Syringa) zeigen.

Die Knicks wurden nach der Verkoppelung in ihrer Zusammensetzung auch durch die damals praktizierte Feld-Gras-Wirtschaft geprägt. In einem neun- bis elfjährigen Rhythmus wechselten Acker- und Weidenutzung miteinander ab, zum Beispiel folgte einer sechsjährigen Ackerphase eine dreijährige Beweidungsphase. Zu Beginn der Ackerphase wurden die Knickgehölze auf den Stock gesetzt, am Acker benötigte man keine Einzäunung für das Vieh und konnte auf diese Weise eine übermäßige Beschattung vermeiden. Außerdem wurde der Wall wieder ausgebessert (»aufgesetzt«, »gewallt«) und dabei gleichzeitig das knickbegleitende Grabensystem wieder instandgesetzt.

Nach sechs Jahren war der Gehölzbestand so weit in die Höhe gewachsen, dass er für die folgende dreijährige Weidephase wieder als Zaun dienen konnte. Durch den Verbiss durch das Weidevieh kam es dann zu einer Förderung von mit Dornen oder Stacheln bewehrten Gehölzarten wie Weißdorn, Schlehen, Rosen und Brombeeren, die auch heute noch in hohem Maße die Pflanzenwelt unserer Knicks prägen.

Das Knicken oder »Buschhau'n« erfolgte früher im Winter bei dickeren Stämmen mit dem Beil, dünnere Äste wurden mit einem Buschmesser, dem »Tuunrieter«, in raschem, schrägen Schnitt abgetrennt. Um zu vermeiden, dass sich die Stammenden spalteten, wurden die Stämmchen ein klein wenig gebogen, so glitt die Klinge mit passendem Druck glatt hindurch. Man achtete früher also auch darauf, so zu schneiden, dass der Stubben nicht verletzt wurde, damit er problemlos wieder ausschlagen konnte.

Das anfallende Knickholz diente nicht nur der Brennholzgewinnung. Fast alle auf dem bäuerlichen Anwesen gebrauchten Holzgeräte entstanden aus dem Knickholz, teilweise auch ganz spezifisch aus einzelnen Holzarten. Spatenstiele wurden beispielsweise aus Eschenholz hergestellt, daher ist der plattdeutsche Ausdruck für den Spaten häufig noch »Escher«. Frühzeitig wurde in den Knicks nach geeigneten Holzverzweigungen zur Anfertigung von Gaffeln Ausschau gehalten, diese wurden je nach Verwendung Heugaffeln, Korn- oder Speckgaffeln (zum Aufhängen von Schinken, Speck und Würsten zum Räuchern) genannt. Dafür waren natürlich drei- oder gar vierzinkige Gaffeln begehrt (Abb.). Sie wurden aus Eschenholz, aber auch aus härterem Holz wie Feldahorn oder dem noch härteren Weißdorn hergestellt. Während man auch für einen Harkenstiel eher Eschenholz nahm, wurden deren Zinken aus dem harten Holz des Pfaffenhütchens, auch Spindelbaum genannt, gemacht. Aus dessen Holz wurden früher nämlich auch Spindeln angefertigt. So gab es sehr viele weitere Nutzungsmöglichkeiten bis hin zum Hausrat wie Gabel und Löffel (»Sleef«).

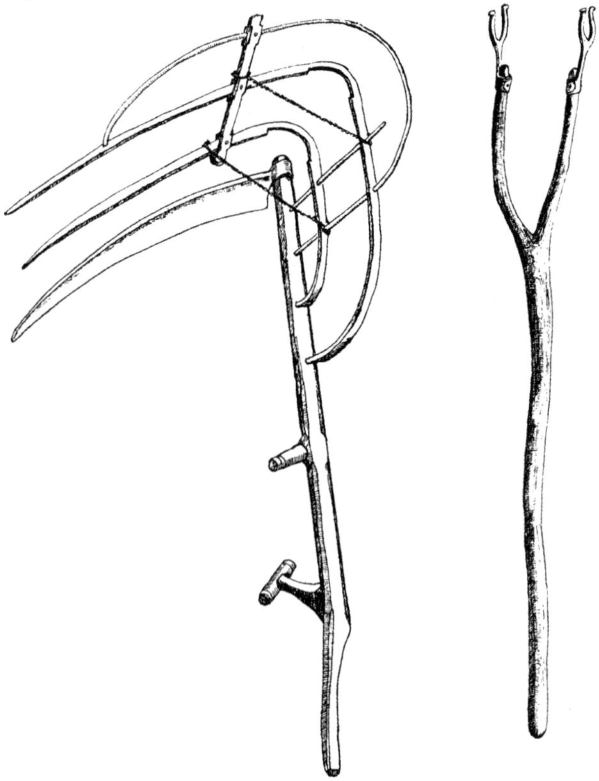

Geräte aus Knickholz: Sense, Gaffel

Ein Artikel von Otto Struck in der traditionsreichen Zeitschrift »Die Heimat«, Jg. 1940, trägt den Titel »De Knick, de Lieferant för de Klüterkamer«. Hier wird ausführlich erzählt, wie und wofür die einzelnen Hölzer im bäuerlichen Haus und Hof verwendet wurden. Auch beim Brennholz wurden noch die kleinsten Teile zum Anmachen oder zum Kochen in der Küche genutzt. Man konnte es sich nicht leisten, etwas zu verschwenden. Der Artikel endet mit dem Hinweis:

»Öwerglööfsch Lüüd snied sick ut den Knick dat lütt Krüz von'n Krüzdorn und meent, dat weer'n Glücksbringer. Ok to'n Raden ward he bruukt. De Watersöker schnitt sick noch hüt de Wünschelrood ut'n Hasselbusch.«

Pflanzenwelt der Knicks

Die Knicks beherbergen eine artenreiche Pflanzen- und Tierwelt. Zu Beginn der Verkoppelung wurden die Baum- und Straucharten zum Bepflanzen der Wälle aus den natürlichen Feldgehölzen und Wäldern der umgebenden Landschaft, später auch aus Baumschulmaterial gewonnen. Entsprechend vielfältig sind die Knicktypen, von denen man insgesamt etwa 85 unterscheiden kann.

Der alte bunte Knick aus weitgehend heimischen Baum- und Straucharten begegnet uns als typischer »Schlehen-Hasel-Knick« mit den Hauptarten Hasel, Schlehe, Hainbuche und Brombeere,

Alter Klüterer

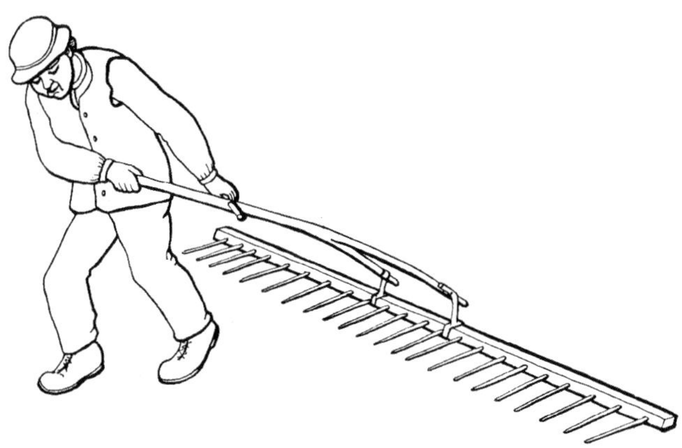

Hungerharke mit eisernem Beschlag

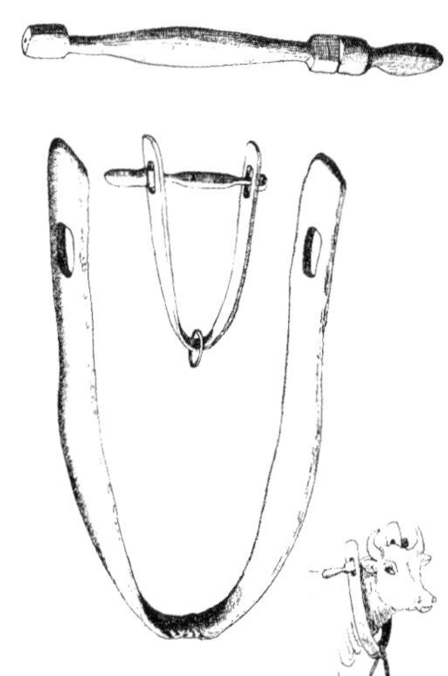

Geräte aus Knickholz: Kuklaben und Ziegenklaben mit Schlüssel aus Eschenholz

Früchte und Blüten der Schlehe

vor allem im Bereich der natürlichen Rotbuchenwälder des östlichen Hügellandes.

Eine ärmere Variante findet man auf der Hohen Geest im Westen des Landes. Hier treten als Hauptarten noch Stieleiche und Hängebirke hinzu.

Auf den ärmeren Böden im Südosten Schleswig-Holsteins repräsentiert der Eichen-Birken-Knick den alten bunten Knick mit den Hauptarten Hängebirke, Stieleiche, Vogelbeere und Zitterpappel.

Die jeweilige Gehölzartenzusammensetzung wird jedoch besonders vom regelmäßigen Knicken geprägt. Hervorragend können Hainbuche, Hasel, Esche, aber auch die vielen dornigen und stacheligen Sträucher wie Weißdorn, Schlehe, Rosen und Brombeerarten das regelmäßige Knicken ertragen. Die Rotbuche verträgt es eher schlecht und ist daher in den Knicks unterrepräsentiert.

Ökologisch gesehen besteht ein Knick gewissermaßen aus zwei zusammengelegten Waldrändern. So ein Randlebensraum ist ein typischer Übergangsstandort. Solche Übergangslebensräume sind deshalb biologisch besonders reichhaltig, weil sie sowohl Pflanzen- und Tierarten der Wälder als auch des Offenlandes enthalten. Zusammen bilden sie auf dem Knickwall neue, stabile und besonders reichhaltige Lebensgemeinschaften, wobei noch sehr unterschiedliche Landschaftselemente angrenzen können wie zum Beispiel trockenes und feuchtes Grünland, Ackerland unterschiedlicher Zusammensetzung und Qualität oder auch naturnahe Lebensräume wie Heiden und Trockenrasen.

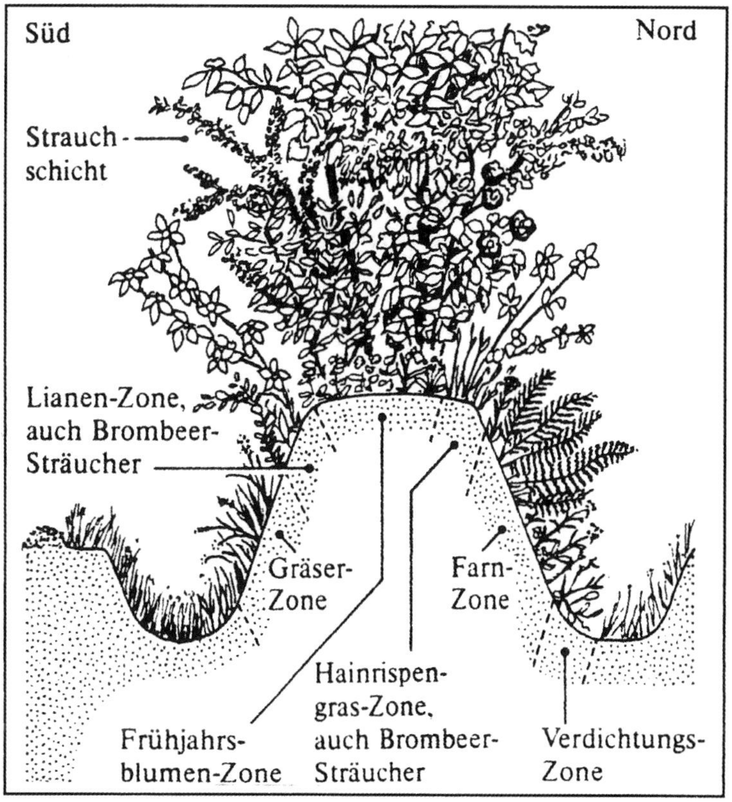

Ideales Profil durch einen in Ost-West-Richtung verlaufenden Schlehen-Hasel-Knick

Darüber hinaus unterscheiden sich die beiden Seiten der Knicks auch aufgrund der kleinklimatischen Verhältnisse. So befinden sich auf einem Ost-West-ausgerichteten Knick deutlich unterschiedliche Zusammensetzungen der Pflanzen- und Tier-

links: Weiblicher Blütenstand des Haselstrauches
rechts: Junge Früchte der Feldulme

welt auf der Nord- und der Süd-Seite der Knicks. Das oft beschriebene ideale Knickprofil (Abb. S. 25) eines Schlehen-Hasel-Knicks im östlichen Hügelland Schleswig-Holsteins soll das Prinzip verdeutlichen:

Von Süd nach Nord lassen sich etwas vereinfacht sechs verschiedene ökologische Zonen unterscheiden. Unmittelbar am Knickfuß der Südseite befindet sich eine sonnendurchflutete Gräserzone mit vielen bunten Blumen wie der Wiesenmargerite, der weißen Lichtnelke, der Ackerwinde oder dem Johanniskraut.

Sodann folgt eine üppige Lianenzone mit dem Hopfen, der Vogelwicke oder dem Hecken-Knöterich. Dazu kommen hier die frohwüchsig kletternden Brombeer- und Rosensträucher.

Oben auf dem Wall folgt dann die Zone der Knicksträucher, die am meisten dem Waldinneren gleicht und somit auch die entsprechende Pflanzenwelt mit Frühblühern wie Buschwindröschen, Moschuskraut und Scharbockskraut aufweist. Im Sommer ist diese Zone am stärksten beschattet, nur wenige Arten wie Efeu oder Gundermann gedeihen hier.

Auf der Nordseite folgt dann die Hain-Rispengras-Zone mit dem Schwerpunkt von in Wäldern und an Waldrändern vorkommenden Arten und dem für Waldwegränder charakteristischen zartwüchsigen Hain-Rispengras. Daneben finden sich auch hier wieder attraktive Blütenpflanzen wie die Rote Lichtnelke, die Vielblütige Weißwurz oder der Taumel-Kälberkropf als ein Vertreter der üppig weiß blühenden Doldenblütler.

Im Idealfall folgt dann noch auf der schattigen Nordseite eine Zone mit Farnkräutern, insbesondere mit dem Wurmfarn, auf ärmeren Böden auch mit dem zierlicheren Tüpfelfarn, auch »Engelsüß« genannt. Hier wachsen auch weitere schattentolerante Waldpflanzen wie die weiß blühende Große Sternmiere, der Bärenklau, der blaue Gamander-Ehrenpreis, die Schafgarbe oder auch der üppig weiß blühende Wiesenkerbel. Gern gedeiht hier auch der in unseren Gärten nicht immer so beliebte Giersch. Die Farnzone ist heute am ehesten im Innern von Doppelknicks, den sogenannten Reddern zu finden, also dort, wo sie vor Umweltbelastungen am besten geschützt ist.

Am Boden folgt dann besonders auf der Nordseite noch eine mehr Bodenfeuchte bevorzugende Gräser- und Kräuterzone, gut charakterisiert durch den kriechenden Hahnenfuß und das Gemeine Rispengras.

Wenn man sich vergegenwärtigt, dass die Knicks nicht alle exakt Nord-Süd-ausgerichtet sind und es außerdem etwa 85 verschiedene Knicktypen gibt, dann wird vorstellbar, wie reichhaltig und vor allem auch verschiedenartig schön die Naturausstattung unserer Knicks mit immerhin noch ca. 45.000 Kilometer Länge in Schleswig-Holstein ist.

Unter den Knicksträuchern sind mit Dornen oder Stacheln bewehrte Arten besonders präsent, zum Beispiel Weißdorn und Schlehe mit Dornen, Brombeeren und Rosen dagegen mit Stacheln (also: »Keine Rose ohne Stacheln«!). Alle vier Artengruppen gehören zur Familie der Rosengewächse, die neben dem charakteristischen Blütenbau auch die besondere Eigenart haben, dass sie offenbar noch in aktiver Artbildung begriffen sind. Die Botaniker registrieren eine hohe Variabilität, die es nicht immer gestattet, die Arten exakt voneinander abzugrenzen. Brombeeren und Rosen bewachsen hauptsächlich die Flanken unserer Knicks, die Lianenzone, (s. Abb.). Sie können mithilfe ihrer Stacheln als sogenannte Spreizklimmer an den anderen Sträuchern hinauf ins Licht klettern.

Äußerst auffällig ist dies bei den Brombeerarten (Gattung Rubus), von denen es zurzeit 99 Kleinarten in Schleswig-Holstein gibt, darunter sowohl weit verbreitete als auch lokal begrenzte Regionalsippen. 95 Arten sind in Schleswig-Holstein

Blüten der Filzrose, besondere Art der Wildrosen im Knick

einheimisch, die restlichen sind als Garten- und Zierarten eingebürgert. Zehn dieser Brombeerarten sind nur von einzelnen Knickabschnitten in Schleswig-Holstein bekannt. Sie sind hier wahrscheinlich erst in den vergangenen 200 Jahren als neue Pflanzenarten entstanden.

Die Brombeeren tragen die bekannten Sammelfrüchte, eine Ansammlung von kleinen Steinfrüchtchen auf einem hochgewölbten Blütenboden. Jeder Brombeersammler weiß, dass die Früchte durchaus unterschiedlich aussehen und schmecken können. An manchen »ist nicht so recht etwas dran«. Das liegt daran, dass ein Großteil der als Arten geführten Brombeeren Bastarde aus einer »echten Brombeere« und der auch bei uns besonders an den Küsten wachsenden Kratzbeere (Rubus caesius) sind. Diese haben aufgrund ihrer Bastardnatur häufig nur unvollständige Früchte, die sich also weniger für Marmelade, Gelee oder Saft lohnen.

Brombeeren sind auch vielfältig als Heilpflanzen einsetzbar. Angewärmter Brombeersaft, den man schluckweise trinkt oder damit gurgelt, beruhigt die gereizten Stimmbänder. Neben den Früchten können auch die Blätter genutzt werden. Sie enthalten neben anderen Wirkstoffen wertvolle Gerbstoffe, die ihnen sowohl durchfallstopfende als auch entzündungshemmende Eigenschaften verleihen, zum Beispiel als Mundspülung bei erkranktem Zahnfleisch.

Von den Wildrosen (Gattung Rosa) besiedeln etwa zehn unterschiedliche Arten unsere Knicks. Sie haben in den äußeren Kreisen der Blüten ebenso wie die Brombeeren eine Fünfzahl der Kelch- und der Blütenblätter, wobei die Kelchblätter einfach oder gefiedert, meistens in charakteristischer Weise teilweise gefiedert sind. Die Blütenblätter sind meist irgendwie rötlich, manchmal auch weiß gefärbt und stehen in einem schönen Kontrast zu den zahlreichen gelben Staubbeuteln. Insekten aller Art (außer Schmetterlingen) werden durch diese Erscheinung und durch den Duft, der zur Blütenmitte hin an Intensität zunimmt, angelockt. Die Blüten liefern allerdings keinen Nektar, sie sind ausgeprägte »Pollenblumen«, der Nutzen für Insekten besteht ausschließlich im Pollenertrag. Die Blätter sind immer unpaarig gefiedert und weisen unterschiedliche Behaarung und

Früchte (Hagebutten) der »Falschen Hundsrose«

Bedrüsung auf, manchmal mit äußerst auffälligem, im Gegenlicht prächtig granatrot funkelnden Drüsenbesatz.

Am häufigsten trifft man in den Knicks auf die einfache Hundsrose, die sowohl mit rosa als auch seltener mit weißen Blüten aufwarten kann. Sie ist die Rose, die mit mehreren Metern am höchsten nach oben in die Bäume und Sträucher hineinwachsen kann.

Ihr ähnlich ist die Heckenrose, die sich durch eine Behaarung auf den Blättern unterscheidet, häufig auch einen doldigen Blütenstand aufweist, aber nicht so hoch wird.

Unter den weiteren Wildrosen unserer Knicks gibt es auffällige Blütengestalten, zum Beispiel die tiefroten großen Blüten der Übersehenen Rose oder Sherard-Rose mit beiderseits behaarten Blättern, die man, obwohl nicht häufig, doch regelmäßig in der Jungmoräne des östlichen Hügellandes antreffen kann, zur Fruchtzeit auch mit prächtigen großen drüsigen Hagebutten.

Eine konstant zarte hellrosa Blütenfarbe hat die behaarte Filzrose mit ihrem charakteristischen krugförmigen Blütenbecher. Ansonsten sind Blütenfarbe und -gestalt nur ein Hinweis auf die mögliche Artzugehörigkeit.

Exakt kann man die Rosenarten erst nach der Blüte erkennen. Die Hauptkennzeichen befinden sich nämlich an der jungen Frucht, die bekannte Hagebutte. Sie ist eine Sammelfrucht, bei der die krugförmig erweiterte Blütenachse die zahlreichen Nussfrüchte einschließt.

Die Bezeichnung »Butte« stammt aus dem Altdeutschen und bedeutet »Fass« (vgl. Büttenredner). Die Vorsilbe »Hage« wurde bereits im Mittelalter angefügt, ein Hinweis auf den Wuchsort Hag = Hecke, Hain, also auch Knicks. Bei der Reife werden die Hagebutten weich und rot durch Karotine, besonders dem Lycopin, auch Farbstoff der Tomate.

Die Früchte können zu Mus, Suppen und Wein verarbeitet werden. Sie haben einen hohen Gehalt an Vitamin C und sind damit auch ein bewährtes Mittel bei Erkältungskrankheiten. Ein Esslöffel Hagebuttenmus täglich reicht aus, um den Vitamin-C-Bedarf eines Erwachsenen zu decken. Außerdem wirkt die Hagebutte harntreibend. Bei allen entzündlichen Nierenerkrankungen wirkt ein Tee aus getrockneten Hagebuttenschalen. Erst

Blüten und Früchte (»Fliederbeeren«) des Holunders

in neuerer Zeit wurde der lindernde Effekt der Rosenfrüchte auf Haut- und Gelenkbeschwerden entdeckt.

Weitere bemerkenswerte Knicksträucher sind der Eingriffelige und der Zweigriffelige Weißdorn, wiederum Rosengewächse mit den charakteristischen Steinfrüchtchen. Zur Blütezeit im Mai und Juni leuchten weite Strecken der Knicks in den zart weißen Blütenfarben dieser Sträucher. Ihre Blüten, Blätter und Früchte sind wertvolle Herzstärkungsmittel und damit ein bewährtes Alterstonikum.

Der stickstoffliebende Schwarze Holunder breitet sich heute aufgrund der Nährstoffanreicherung in unserer Landschaft sogar weiter aus. Seine cremeweißen Blüten-Scheindolden und die schwarzen Steinfrüchte (»Fliederbeeren«), die man allerdings nicht roh genießen darf, sind bekannte Heilmittel bei Erkältungskrankheiten. Hin und wieder findet man auch einzelne

Exemplare des Wildapfels oder der Wildbirne sowie einen großen Formenschwarm verschiedener (Wild-)Pflaumenarten im Knick.

Zu den hier beschriebenen auffälligen Gehölzen und Blütenpflanzen der Knicks gesellt sich in den unterschiedlichen ökologischen Knicktypen mit jeweils sechs verschiedenen ökologischen Zonen eine ungeheure Vielfalt der krautigen Pflanzen, die wiederum ein Abbild sowohl der natürlichen Pflanzenwelt der Wälder und Waldsäume als auch der Vegetation des Grünlandes und der Ackerränder darstellen. Diese sind Nahrungs- und Lebensgrundlage für die ebenso reichhaltige Tierwelt.

Heute ist die Vielfalt gegenüber früheren Untersuchungen allerdings oft erheblich durch die doch sehr fortschreitende Nährstoffanreicherung (Eutrophierung) in unserer Landschaft eingeschränkt. Daher sieht man oft am Fuße der Knicks auf beiden Seiten große Herden von Brennnesseln oder den weißen Blütenflor, der ausschließlich vom Wiesenkerbel geprägt ist. Beide sind wertvolle Elemente als Grundlage für die Insektenwelt, die Brennnessel ist Nahrungspflanze für viele Schmetterlingsraupen und sogar Heilpflanze. Allerdings verdrängen sie die ursprüngliche Vielfalt und reduzieren sie auf wenigartige Pflanzenbestände.

Tierwelt der Knicks

Der üppigen Pflanzenwelt in den Knicks entspricht eine ebenso reich entwickelte Tierwelt, hier kommen etwa 7000 Tierarten vor. Für die Tierwelt sind neben den oben beschriebenen Eigenschaften der Knicks noch besondere Strukturen wichtig, die die

Das Rotkehlchen bevorzugt den Doppelknick

ökologische Vielfalt der Knicklebensräume zusätzlich bereichern.

So brüten zum Beispiel in einem wegbegleitenden Doppelknick, bei uns in Schleswig-Holstein Redder genannt, sechsmal mehr Vögel als in einem Einzelknick. Es sind zusätzlich Arten, die eher in Wäldern zu Hause sind, wie beispielsweise Ringeltaube und Sperber. Knickecken und Knickabzweigungen kön-

Vorratshaltung des Neuntöters – ein Juni-Käfer aufgespießt auf Schlehdorn

nen noch einmal die Vielfalt des Lebensraumes erhöhen. Auch große Einzelbäume, sogenannte Überhälter, die nicht der regelmäßigen Knicknutzung unterliegen, bereichern das Ökosystem, besonders auffällig erkennbar an Vogelarten, die die hohen Bäume als Singwarte oder Brutplatz oder wie die größeren Greifvögel (Mäusebussard, auch Krähenvögel) als Ansitz bei der Beutejagd nutzen.

Besonders reichhaltig sind die Singvögel im Knick vertreten. Im Durchschnitt brüten etwa dreißig Vogelpaare in einem Kilometer Knicklänge. Fitis, Gartengrasmücke, Buchfink, Gelbspötter und Rotkehlchen bewohnen fast ausschließlich den Doppelknick, Goldammer, Amsel und Heckenbraunelle bevorzugen ihn deutlich. Insgesamt sind die am häufigsten vorkommenden Arten im Knick Dorngrasmücke, Goldammer und Heckenbraunelle, gefolgt von Sumpfrohrsänger, Fitis und Amsel. Der seltene Neuntöter hat heute seinen Hauptlebensraum im und am Knick, wo er die Dornen und Stacheln der Sträucher (neben dem Stacheldraht) zur Vorratshaltung nutzen kann.

Die Säugetiere lassen sich aufgrund ihrer heimlicheren Lebensweise zwar nicht so gut beobachten, aber auch sie sind im und am Lebensraum Knick gut vertreten. Immer leben sie im Verbund mit den umgebenden Acker- oder Grünlandflächen.

Rehe erobern die freie Landschaft am Knickrand

Allgegenwärtig ist die große Schar der Mäuse, von denen die Waldmaus, die Gelbhalsmaus, die Rötelmaus und auch die Brandmaus regelmäßig zumindest in bestimmten Jahresabschnitten, im Knick vorkommen, bevor sie sich den nahrhaften Ackerflächen widmen.

Der Fuchs legt seine Baue auch im Knick an

Die Brandmaus wurde schon von Hermann Löns als zum Knick gehörig beschrieben. Er preist ihr zimtfarbenes Fell mit dem scharfen Aalstrich auf dem Rücken und die schneeweiße Unterseite. Sie ist sehr flexibel und hält sich im Frühjahr in und am Knick auf, während sie sich im Sommer eher im Getreide wohlfühlt. So ähnlich verhalten sich die meisten Säugetierarten im Kontakt mit den Knicks.

Enger an den Knicklebensraum, allerdings auch an andere Gehölzlebensräume gebunden ist die Haselmaus, die biologisch nicht zu den echten Mäusen, sondern zu den Bilchen (»Schlafmäusen«) gehört und somit nah mit dem Siebenschläfer

verwandt ist. Sie kommt schwerpunktmäßig in Ostholstein und Lauenburg vor und baut am Knick ihre Nester unter anderem auch in den Brombeersträuchern.

Obwohl der Igel in vielen Lebensräumen bis in den besiedelten Bereich hinein vorkommt, ist auch er ein regelmäßiger Bewohner der Knicks, was schon die englische Bezeichnung »hedgehog« (wörtlich: Hecken-Schwein) zum Ausdruck bringt.

Die Waldeidechse lebt im trockenen Eichen-Birken-Knick

Ebenso wie Waldränder werden auch Knicks von Wildkaninchen, Dachs und Fuchs zum Anlegen ihrer Baue genutzt. Als Lebensraum vieler nachtaktiver Insekten bieten die Knicks ein reichliches Nahrungsangebot für Fledermäuse, die nachts ebenso wie Steinkauz und Schleiereule am Knick entlang patrouillieren. Tagsüber durchstreift auch der Fuchs den Knickrand nach Nahrung, Rehe wagen sich am Knick entlang aus den Schutz bietenden Wäldern und Gehölzen in die freie Landschaft.

Amphibien und Reptilien kommen im Knick umso reichhaltiger vor, je hochwertiger die angrenzenden Lebensräume sind.

Der Laubfrosch hält sich im Sommer und Herbst in den Sträuchern der Knicks auf, aber er ist auch hier selten geworden, da oft der direkte Kontakt zu Tümpeln als Laichgewässer auf benachbarten Wiesen verlorengegangen ist.

Ähnliches gilt für die Ringelnatter, die angrenzend an Feuchtwiesen in den Knicks lebt. Hin und wieder kann man im Frühjahr am Knick ein »Knäuel« von jungen Ringelnattern beobachten, die sich im Sonnenschein wärmen.

In trockenen Eichen-Birken-Knicks kommen Waldeidechsen und Blindschleichen vor.

Die große Zahl der Insektenarten besteht einerseits aus ursprünglichen Laubwaldbewohnern, andererseits aus überall vorkommenden Arten (Ubiquisten, Allerweltsarten). Sie nutzen die jahreszeitlich wechselnden Blütenhorizonte, wobei Unterschiede entsprechend der oben beschriebenen Knicktypenvielfalt und auch der jeweiligen Exposition (zum Beispiel Nord- oder Südseite) bestehen.

Moschusbock auf Wiesenkerbel

Eine auffällige, leicht erkennbare Heuschreckenart ist das Große Grüne Heupferd aus der Gruppe der Laubheuschrecken.

Darüber hinaus sind alle Insektengruppen vertreten, von den Blattläusen und Zikaden über die verschiedenen Käfer- und Schmetterlingsfa-

Blattwespen-Larven, vor Fressfeinden durch Gespinst geschützt

milien bis hin zu den Hautflüglern mit den Bienen, Wespen und Ameisen und den Zweiflüglern mit den Mücken und Fliegen.

Früher waren die Knicks zur entsprechenden Jahreszeit von riesigen Mengen Maikäfern »befallen«. Diese Art und den eng verwandten kleineren Junikäfer kann man heute nur noch hin und wieder am Knick beobachten.

Besonders auf den weißblühenden Doldenblütlern fallen die Bockkäfer mit ihren langen Fühlern auf, die ihnen auch den Namen gegeben haben. Mit fast fünf Zentimeter Länge ist der schön metallisch blau oder grün glänzende Moschusbock wohl der größte unter ihnen.

Das Wirken von Kleinschmetterlingen erkennt man am besten an den weißlichen Gemeinschaftsnestern der Schlehen- und der Pfaffenhütchen-Gespinstmotte. Zum Schutz gegen Feinde überziehen sie die Blätter, Zweige und letztlich den ganzen Busch mit einem dichten Gespinst. Nachdem die Raupen sich an einem Faden zum Boden abgeseilt und verpuppt haben, ist der Busch meist völlig kahl gefressen und muss (und kann) seine Blattmasse noch in derselben Vegetationsperiode ersetzen.

Knick im Landschaftshaushalt / Landschaftsökologische Bedeutung / Knicks in der Landschaft

Die bekannteste Bedeutung der Knicks für den Landschaftshaushalt ist ihre Wirkung als Wind- und Erosionsschutz, dem Schutz vor Bodenverwehung besonders auf leichten Böden. Früher konnte man mit diesem Effekt auch eine ertragssteigernde Wirkung bestimmter Feldfrüchte verbinden, was aber heute angesichts der intensiven Bewirtschaftung zu vernachlässigen ist.

Das Gespinst der Pfaffenhütchen-Gespinstmotte überspannt den ganzen Busch

Die Windschutzwirkung beruht im Wesentlichen auf der Eigenschaft der Knicks als halbdurchlässiges System. Ein undurchlässiges System wie eine feste Mauer wäre in der freien Landschaft nicht geeignet, da die Windschutzwirkung durch Wirbelbildung vor und hinter dem Hindernis großenteils aufgehoben würde. Die Windabschwächung erfolgt bereits im Luv des Knicks durch Anhebung des Windstromes.

Ein wichtiger Effekt des Windschutzes ist in der Kulturlandschaft auch heute noch die Verminderung der Bodenerosion, insbesondere in Regionen mit sandigen, leicht verwehbaren Böden. Sichtbare Zeichen dieser Wirkung sind die oft bizarren Schneeverwehungen vor und hinter dem Knick im Winter.

Noch immer bilden heute die Knicks in Schleswig-Holstein ein zusammenhängendes, netzförmiges System von ca. 45.000 Kilometer Länge. Sie stellen damit eine gute lokale Ergänzung zu dem heute vom Naturschutz geforderten und geplanten Biotopverbundsystem dar.

Durch ihre große biologische Vielfalt wirken die Knicks weit in die Landschaft hinein und beeinflussen den Landschaftshaushalt nachhaltig positiv.

Knicks ersetzen in der freien Landschaft die vielfältigen Wirkungen des Waldes. Sie haben für das Kleinklima dieselbe Bedeutung wie Wälder für das Regionalklima. Dabei ist ihr Ein-

Junge Früchte des Klettenkerbels, einer von mehreren Doldenblütlern unserer Knicks

fluss auf die Umgebung wesentlich effektiver, als es ihrer Ausdehnung als Waldelement entsprechen würde. Sie haben als lineares Element gewissermaßen eine viel größere »aktive Grenzfläche«.

Ihre physikalischen und klimatologischen Auswirkungen erstrecken sich auf einen Bereich von etwa 150 bis 200 Meter Entfernung vom Knick. In diesem Bereich entfalten sie auch die größten biologischen Wirkungen im Landschaftshaushalt. Diese biologische Vernetzung der Knicks mit der umgebenden Kulturlandschaft wurde bei der Beschreibung der Pflanzen- und Tierwelt mehrfach hervorgehoben.

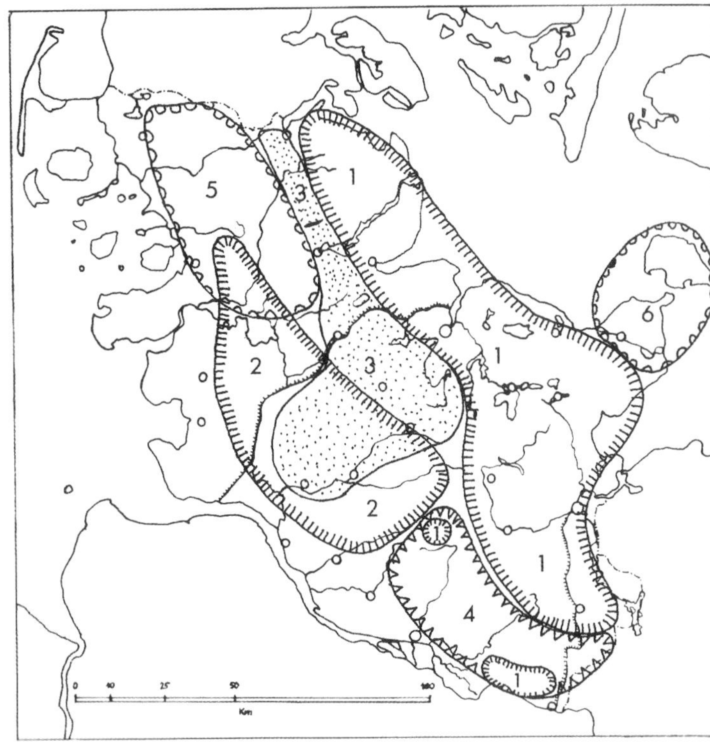

Haupt-Knickregionen in Schleswig-Holstein:
1. Reiche Schlehen-Hasel-Knicks
2. Ärmere Schlehen-Hasel-Knick.
3. Buchen-Hasel-Knicks
4. Birken-Eichen-Knicks
5.,6. Einartige Knickpflanzungen neben strauchartigen Wällen vorherrschend.

Karte in Anlehnung an Weber, umgezeichnet und stark vereinfacht

So weist zum Beispiel das erwähnte Regenerationsvermögen nach dem Kahlfraß durch die Gespinstmotten auf eine allgemeine ökologische Eigenschaft solcher Heckensysteme hin. Sie sind im Gegensatz zum Wald, auch aufgrund der regelmäßigen Knickpflege, immer wieder erneuerte Pionierökosysteme mit den besonderen Eigenschaften einer ungeheuren Produktivität. Ihr Verhältnis von Blattfläche zu Bodenoberfläche ist etwa zwei- bis dreimal so groß wie im Wald, der Blattflächenkonsum durch Insektenlarven ist drei- bis viermal so hoch und die durch den Fraß aufgebaute Biomasse der blätterverzehrenden Insekten ist etwa zehnmal so groß wie in Wäldern. Diese Insekten und ihre Larven sind wiederum Nahrungsgrundlage insektenverzehrender Vögel, ein beeindruckendes Beispiel der wichtigen biologischen Bereicherung der Landschaft durch die Knicks.

Die lineare Anordnung von Waldelementen in den Knicks unseres Landes, verknüpft mit den biologischen Besonderheiten der Pflanzen- und Tierwelt der Knickwälle, ist somit die optimale Verteilungsform von Waldelementen für eine waldarmes Land wie Schleswig-Holstein und hat damit schon über 250 Jahre dazu beigetragen, dass hier trotz Waldarmut ein gesunder Landschaftshaushalt erhalten werden konnte.

Holger Gerth

Schutz der Knicks als wichtige Landschaftselemente

Das Knicknetz in Schleswig-Holstein ist aus vielerlei Gründen geschützt. Jeder Knick hat eine hohe Bedeutung für den Naturschutz sowie für den Biotopverbund. Die Vielfalt an Pflanzen und Tieren, die im und vom Knick leben, ist enorm. Zudem bieten Knicks Windschutz und Schatten für die Menschen. Sie schützen die landwirtschaftlichen Felder vor Erosionen und Verwehungen des fruchtbaren Bodens. Das Knicknetz prägt nicht nur das Landschaftsbild in Schleswig-Holstein und macht sie damit zu einem Naturerlebnis, was die touristische Attraktivität unseres Landes erhöht. Ohne Knicks wäre unsere Kultur- und Naturlandschaft ungleich ärmer und der Rückgang an Arten deutlich stärker.

Seit seiner Entstehung im 18. Jahrhundert wurde das umfängliche Knicknetz kontinuierlich ausgedünnt, indem Knicks gerodet oder stark geschädigt wurden. Sie standen in der Mitte des letzten Jahrhunderts zunehmend einer modernen Landwirtschaft im Wege, die im Rahmen der Mechanisierung für ihre

Nach Vorarbeit mit der Knickschere werden die Stümpfe mit der Motorsäge glatt geschnitten

immer größeren Landmaschinen auf größere Schläge setzte. Im Programm Nord mit seinen Flurbereinigungen, die damals im öffentlichen Interesse standen und gefördert wurden, sind seit 1950 bis in die 70er Jahre viele Knicks verschwunden. Auch wurden viele Wege auf Kosten von Knicks verbreitert. Das Gleiche war bei dem Ausbau von Straßen und Radwegen zu beobachten. Neuen Autobahnen, die durch die Landschaften gezogen wurden, fielen viele Knicks zum Opfer. Zudem beanspruchten neue Baugebiete und Gewerbeflächen von Städten und Gemeinden in der freien Landschaft landwirtschaftliche Flächen, die von Knicks umsäumt waren. Diese Entwicklungen zum Schaden des Knicknetzes halten bis heute an.

Um den weiteren Verlust an Knicks zu unterbinden, sind Knicks seit vielen Jahrzehnten in Schleswig-Holstein geschützt. Dazu wurden Verordnungen erlassen. Danach ist es verboten, sie zu beschädigen, zu zerstören beziehungsweise zu roden. Wenn Knicks bei großen Infrastrukturmaßnahmen im Wege stehen, müssen neue als Ausgleich an anderer Stelle angelegt werden. Dies gilt auch, wenn Landwirte eine Rodung oder Verschiebung eines Knicks beantragen, wenn er stört. Selbst neue Durchlässe und Durchfahrten durch einen Knick müssen beantragt werden. Ohne einen entsprechenden Ausgleich durch Schaffung eines neuen Knicks werden solche Anträge abgelehnt.

Hydraulische Knickschere im Einsatz

Dieser Knickschutz wurde weiter verschärft, indem vor einigen Jahren bei der Novellierung des Landesnaturschutzgesetzes Knicks als Biotope aufgenommen und dort konkrete Regelungen festgehalten wurden. Damit ist es jetzt Folgendes gesetzlich geregelt:

– Das traditionelle Knicken, auch Auf-den-Stock-setzen genannt, bei dem alle Gehölze bis auf die Bäume abgesägt werden, darf nur alle 10 bis 15 Jahre geschehen.
– Das Knicken ist nur in der vegetationslosen Zeit vom 1. Oktober bis Ende Februar erlaubt, wenn das Brutgeschehen der Vögel ruht.
– Das Fällen von Überhältern, das sind im Knick stehende Bäume bis zu einem Stammumfang von zwei Metern, gemessen in einem Meter Höhe über dem Erdboden, ist zulässig,

wenn mindestens ein Überhälter je 40 bis 60 Meter Knicklänge in dem auf den Stock gesetzten Abschnitt erhalten bleibt.

– Zu beachten ist, dass das Fällen von großen Bäumen, die einen Stammumfang von mehr als zwei Metern in Brusthöhe aufweisen, verboten ist, weil diese meistens landschaftsbestimmend oder ortsbildprägend sind. Auch ist eine Baumschutzsatzung der Kommune zu beachten.
– Verboten ist das seitliche Einkürzen der Knickgehölze, im allgemeinen Sprachgebrauch aufputzen genannt. Es darf nur noch senkrecht in einer Entfernung von einem Meter vom Knickwallfuß bis zu einer Höhe von maximal vier Metern zurückgeschnitten werden.
– Das Aufputzen ist nur in einem dreijährigen Abstand zulässig.
– Ein 50 cm breiter Schutzstreifen entlang der Knicks auf Ackerflächen darf nicht bewirtschaftet und genutzt werden.
– Auf diesen Schutzstreifen ist es nicht erlaubt, Sachen abzulegen beziehungsweise zu lagern. Dies gilt auch bei einer Nutzung als Grünland neben den Knicks.

Knicks in Schleswig-Holstein sind somit umfassend als Biotop geschützt und sollen in ihrer ökologischen Wertigkeit erhalten bleiben. Landwirte und Gemeinden sind in der Regel die Grundeigentümer, auf deren Flächen Knicks stehen. Sie sind per Gesetz zu deren Erhalt verpflichtet. Wenn Landwirte dieser

Verpflichtung nicht nachkommen und einen Knick beschädigen oder ohne Genehmigung roden, ahnden die unteren Naturschutzbehörden der Kreise und kreisfreien Städte diese Verstöße. Zudem werden Landwirten im sogenannten Cross-Complience-Verfahren die Prämien gekürzt, die sie jährlich von der EU für ihre Nutzflächen erhalten.

In den letzten zehn Jahren hat der Schleswig-Holsteinische Heimatbund zwei Wettbewerbe zum Thema Knick mit Unterstützung der BINGO-Umweltlotterie durchgeführt. Diejenigen Landwirte wurden prämiert, die ihre Knicks am vorbildlichsten erhalten und gepflegt haben. Die prämierten Landwirte waren stolz auf ihre Knicks und betrachteten sie als wichtigen Teil ihrer Natur- und Kulturlandschaft und weniger als Barriere zwischen ihren Feldern.

Nutzen aus dem Knick

Knicks bieten nicht nur der Natur mit ihren Tieren und Pflanzen viel Lebensraum und Nahrung, sondern auch wir Menschen profitieren sehr vielseitig von unseren Knicks. Wir ernten unter anderem Haselnüsse oder Früchte wie Schlehen, Fliederbeeren, Brombeeren, Himbeeren und vieles mehr. Daraus können etwa Säfte produziert oder leckere Marmeladen gekocht werden. Unter www.wildes-sh/rund-um-natur/rezepte werden viele Knick-Rezepte beispielsweise für eine Holunderbeeren-

Holzhackschnitzel

Suppe, ein Vogelbeeren-Chutney, einen Frühlingskräutersalat oder Brennnessel-Pizza zur Verfügung gestellt. Es lohnt sich, die Vielfalt, die ein Knick bietet, in die Küche und auf den Esstisch zu holen.

Die Nutzung der Gehölze, die auf den Knicks wachsen, ist nicht nur traditionell, sondern auch heute noch aktuell. Dabei stehen heute nicht mehr Bauholz für die Gebäude, Buschholz für den Küchenofen oder ein Besenstiel aus dem Knick im Vordergrund, sondern eine energetische Biomassennutzung. Vorwiegend werden heute Hackschnitzel aus dem Knickholz gewonnen, die über spezielle Öfen für Wärme von Wohnungen und Betriebsstätten sorgen. Diese Nutzung des Knickholzes ist ein Ersatz für fossiles Heizöl oder Erdgas und trägt damit im Sinne des Klimaschutzes zur Minderung von CO_2-Emmissionen bei.

Bunte Knicks mit einer Vielfalt an Gehölzen, die sich seitlich ausbreiten können, haben mehr Blattmasse und zeigen ein besseres Wachstum. Sie produzieren mehr Biomasse, die sich energetisch verwerten lässt. Andererseits können Knicks, die übermäßig zurückgeschnitten werden, nicht vergleichbar viel Holz liefern. Zudem lässt sich beobachten, dass ein zu starkes Zurückschneiden von manchen Gehölzarten schlecht vertragen wird und diese dann von anderen Gehölzen, denen diese Behandlungen weniger ausmachen, zurückgedrängt werden. Diese Knicks werden mit der Zeit monotoner.

Für das Auf-den-Stock-Setzen haben sich in der Praxis spezielle Sägen an mobilen Baggern bewährt, die in einem Arbeitsgang einen Knick herunterschneiden und die das Holz entlang der Knicks ablegen. Auf dieses Verfahren haben sich Lohnunternehmer spezialisiert. Per Handarbeit werden dann nur noch die Schnittstellen nachgesägt, damit ein glatter Schnitt einen besseren Neuaustrieb der Gehölze garantiert.

In einem zweiten Arbeitsschritt werden mit einem Holzhäcksler die Gehölze auf dem Feld zu Hackschnitzel verarbeitet, die dann zur Trocknung und zu den Verbrennungsöfen gefahren werden.

Auch bei Kaminbesitzern sind Knicks seit Jahren beliebt. Mit der Motorsäge werden im Winter Knickabschnitte abgesägt. Das Holz wird für die Nutzung im eigenen Kamin oder Ofen aufbereitet. Das Ergebnis ist dann eine wohlige und warme Atmosphäre im Haus.

Der Naturschutzwert eines Knicks wird durch viele einheimische Gehölzarten mit einer heterogenen Altersstruktur und großen Bäumen als Überhälter gefördert. Ein breiter Saum entlang der Knicks erhöht zudem den ökologischen Wert und stärkt die Biodiversität.

Bergung des Knickholzes

Vorbildlich auf den Stock gesetzter Knick

Geknickter Knick in der Frühlingslandschaft Ostholsteins

Bildteil

Fotografien von

Jürgen Eigner
Henning Thiessen
Klaus Dürkop
Carsten Pusch
Fritz Heydemann
Axel Jahn
Dirk Schieder
Björn Schulz

Knicklandschaft am Selenter See

oben: Die Große Sternmiere blüht im Frühling an der Sonnenseite der Knicks
unten: Auch Moose wachsen reichlich in den Knicks, hier das Krücken-Kurzbüchsenmoos

rechte Seite: Blühende Schlehen im Knick

oben: Das Scharbockskraut blüht im zeitigen Frühjahr auf der Krone mancher Knickwälle
unten: Die gefleckte Taubnessel wächst bevorzugt am Knickfuß

links: Windgeschorene Hainbuche in einem Dithmarscher Knick

Knicklandschaft im späten Frühling

oben: Blütenkätzchen der Hainbuche
unten: der Gundermann bevorzugt im Frühling die Schattenseite der Knicks

rechte Seite: Schlehenknick im Frühling

oben: Die Weiße Taubnessel wächst auf der Sonnenseite der Knicks

links: Bizarre Formen der Hainbuche (»Hahnebüchen«) auf einem alten Knickwall

oben: Blüten des Wildapfels
unten: die »Bekleidete Brombeere«, eine von etwa 100 Kleinarten der Brombeeren

links: Knicklandschaft im Biotopverbund mit Wald, Grünland und Ackerland

oben: Schlitzblättriger Storchschnabel am Knickfuß
unten: Rundblättrige Glockenblume auf nährstoffarmem Knickwall

links: Knicklandschaft im Verbund mit einem Teich, idealer Laichplatz für Laubfrösche

Knickharfe, dicht wie ein Zaun

Knicklandschaft südlich Eutin

Sommerliche Knicklandschaft südlich von Schmalensee

Redder und Knicks gliedern und erschließen die Ackerlandschaft

Engmaschiges Knicknetz auf der Holsteiner Geest

Noch als Redder erhaltene Feldwege mit Überhältern

Knicks verbinden Wald, Grünland, Feuchtgebiete und Ackerland

Herbstliche Knicklandschaft mit Selenter See

oben: Filzklette am Knick
unten: Der Rotschwingel, eine häufige Art der Gräser-Zone

rechts: Herbstlicher Knick mit Überhälter

Knicklandschaft am Hessenstein im Herbst

Alte, gewundene Knickstruktur grenzt Grünland gegen Ackerland ab

Herbstliche Knicklandschaft

oben: Früchte des Pfaffenhütchens
unten: Wurmfarn auf der beschatteten Nordseite des Knicks

rechts: Herbstlicher Redder (Doppelknick)

oben: Früchte der seltenen Wildbirne
unten: Blütenstände des Moschuskrautes auf dem Knickwall

links: Hainbuchen-Knick auf Steinsetzung

oben: Weibliche Fruchtzapfen des Hopfens in der Lianenzone

rechts: Herbstlicher Knick mit Überhältern und Saumstreifen zum Ackerland

Geflügelte Nussfrüchte der Hainbuche

oben links: Goldammer, häufiger Vogel der Doppelknicks
oben rechts: Seidenschwanz, seltener Wintergast
unten links: Neuntöter liebt Dornsträucher
unten rechts: Buchfink, eher ein Waldvogel, bevorzugt auch den Doppelknick

Rosenkäfer auf Vogelbeeren-Blüten

Großes Grünes Heupferd, häufige Heuschreckenart am Knick

Gemeiner Weichkäfer

Eine der zahlreichen Schwebfliegenarten

oben: Die Haselmaus lebt in den Knicks
unten: Der Dachs legt seinen Bau auch im Knickwall an

links: Überhälter im Abendlicht

Stockausschlag an alten Hainbuchen

oben: Leuchtende Herbstfarbe des Feldahorns im Knick
unten: Stockausschlag der Rotbuche aus dem Kambium

links: Bizarrer alter Hainbuchen-Knick

Frühwinterlicher Redder

Knicks bieten Windschutz bei strengem Frost

beide oben: Winterliche Redder mit Überhälter

links: Schneeverwehungen im Redder

Knicklandschaft mit Raureif bei Plön

Knicks im Rückblick eines Landwirts

Als ich vor über 70 Jahren nach dem Krieg als Flüchtling aus Hinterpommern einen Bauernhof in der holsteinischen Schweiz bekam, waren die Felder mit den typischen Wallhecken umgeben, die hier Knicks genannt wurden und mir aus meiner alten Heimat nicht bekannt waren. Ich lernte schnell, dass diese Knicks, auf denen hohe Bäume und viele verschiedene Gehölze wuchsen und die lange Zeit während des Krieges nicht geschlagen wurden, viele Vorteile brachten.

Hinter einem Knick und unter den großen Bäumen fanden die Kühe im Sommer kühlenden Schatten. Auch wir ruhten uns während der Feldarbeiten in den Arbeitspausen dort gern aus. Zudem war es hier weniger windig.

Im Winter haben wir das Holz geschlagen. Die dickeren geraden Stämme konnten gut als Pfähle im Zaunbau verwendet werden. Die dünneren Äste wurden mit einem Buschhacker, den ein Lohnunternehmer aus dem Dorf stellte, zerkleinert und waren bestens zum Anheizen des Küchenofens geeignet. Dort in der Küche stand immer ein Korb mit diesem Buschholz. Das mittelstarke Holz aus den Knicks hielt die Öfen auf dem Hof warm.

Nicht nur in der Küche, sondern auch um aus dem Ofen im Badezimmer warmes Wasser für den wöchentlichen Badetag zu bekommen, wurde das Knickholz gebraucht. Wenn wir ein Schwein geschlachtet hatten, wurde mit dem Holz Wasser im großen Waschkessel erhitzt.

Ich erinnere mich aber auch daran, dass in den Knicks viele

dornige Büsche wie Weißdorn, Schlehen und Rosen wuchsen. Beim Schlagen dieser Gehölze und bei deren weiterer Bearbeitung gab es immer wieder blutige Hände. Die Dornen durchstachen auch die besten Lederhandschuhe, was so manchen Fluch hervorbrachte.

Die Gehölze im Knick wuchsen sehr schnell sowohl in die Höhe als auch in die Breite. Um nicht zu viel Ackerfläche zu verlieren und um die Wirtschaftswege frei zu halten, mussten sie mühsam per Hand und Reißer alle paar Jahre seitlich zurückgeschnitten werden.

Die Knicks boten einen guten Windschutz. In den schneereichen Wintern allerdings sammelte sich viel Schnee an den Knicks entlang der Wege, und so manches Dorf und einzelne Höfe waren abgeschnitten. Bei uns im Dorf gab es in den 50er Jahren noch Hand- und Spanndienste. Das bedeutete, dass wir Bauern wochenweise abwechselnd mit dem gemeindeeigenen keilförmigen Schneepflug hinter unserem Pferd die Wege frei halten mussten. Wir freuten uns, wenn im Winter mit viel Schnee der Wind ausblieb.

Heute gibt es auf dem Hof, den mein Enkel bewirtschaftet, keine Arbeitspferde mehr, sondern Freizeitpferde, die hier in Pension gehalten werden. In der Küche steht schon seit Jahrzehnten ein E-Herd mit einem kleinen Holzofen daneben. Wenn dort das Holz brennt, erinnert es an die alten Zeiten, in denen die Küche wegen der Wärme der Mittelpunkt des täglichen Lebens war.

Harry Gerth, Altenteiler (93 Jahre), Schönböken

Literatur zum Knickbuch

Borkenhagen, P. 2011: Die Säugetiere Schleswig-Holsteins, Husum.

Busche, G. 1992: Kartierungen zur großflächigen Bestandsschätzung von Brutvögeln in einer Wallheckenlandschaft 1972 und 1987. Vogelwelt 113, 56–71.

Busche, G. 1997: Bestandsentwicklung der Brutvögel des Wallhecken-Agrarlandes samt Dörfern und Städten im Westen Schleswig-Holsteins 1960 bis 1995. Vogelwelt 118. 11–32.

Christiansen, A. 1907: Pflanzen- und Tierleben im Knick. Die Heimat 17, 34–40 und 66–72.

Christiansen, W. 1941: Die Zusammensetzung der Knicks in Schleswig-Holstein. Die Heimat 51, 52–55.

Denecke, W. (Hrsg.) 2017: Knicks – ihre Pflege und Nutzung, Geschichte und gegenwärtige Situation der geschützten Biotope in der Landschaft der hamburgischen Walddörfer. De Spieker-Uhl Bd. 5, Volksdorf.

Ehlers, W. 1992 : Landtechnische Verfahren zur Instandsetzung von Knicks, Forschungsbericht Agrartechnik des Arbeitskreises Forschung und Lehre der Max-Eyth-Gesellschaft 220, Kiel.

Eigner, J. 1975: Unsere Knicks im Natur- und Landschaftshaushalt. Schleswig-Holstein 1975 (7), 172–176.

Eigner, J. 1978: Die Knicklandschaft in Schleswig-Holstein und ihre heutigen Probleme. Ber. d. Dt. Sektion d. Internat. Rates für Vogelschutz 18, 74–81.

Eigner, J. 1978: Ökologische Knickbewertung in Schleswig-Holstein. Die Heimat 85, 172–176.

Fuchs, G. 1969: Die ökologische Bedeutung der Wallhecken in der Agrarlandschaft Nordwestdeutschlands am Beispiel der Käfer. Pädobiologia 9, 432–458.

Grajetzky, B. 1993: Nahrungsökologie adulter Rotkehlchen in einer schleswig-holsteinischen Knicklandschaft. J. Orn. 134, 13–14.

Grimm, H. 1981: Entstehung und Wandel einer Knicklandschaft am Beispiel der Hamburger Randgemeinde Großhansdorf-Schmalenbeck. Die Heimat 88, 386–396.

Grimm, R. 1980: Möglichkeiten zur Mechanisierung der Knickpflege, Forschungsbericht Agrartechnik des Arbeitskreises Forschung und Lehre der Max-Eyth-Gesellschaft 49, Kiel.

Heydemann, B. 1997: Neuer Biologischer Atlas – Ökologie für Schleswig-Holstein und Hamburg, Neumünster.

Hingst, R. 1991: Die Bedeutung der Wallhecken für die Vernetzung und den Verbund von Ökosystemen. Faunistisch-Ökologische Mitteilungen Supplement 10, 3–40.

Jessen, O. 1937: Heckenlandschaften im nordwestlichen Europa. Mitteilungen der Geographischen Gesellschaft in Hamburg 45, 7–58.

Kock, C. 1936: Die einstige Bedeutung der Knicks für den bäuerlichen Haushalt. Die Heimat 46, 181–185.

Mader, H. J. und K. Müller 1984: Der Zusammenhang zwischen Heckenlänge und Artenvielfalt. Z. f. Kulturtechnik und Flurbereinigung 25, 282–293.

Marquardt, G. 1950: Die Schleswig-Holsteinische Knicklandschaft. Schriften des Geographischen Instituts der Universität Kiel 13 (3).

Müller, G. 1989: Wallhecken: Entstehung, Pflege, Neuanlage am Beispiel der Gemeinde Ganderkesee und allgemeine Hinweise zu Wallhecken im nordwestdeutschen Raum, BSH-Verlag Wardenburg.

Müller, G. 2013: Europas Feldeinfriedungen, 2 Bände, 1280 Seiten, Stuttgart.

Pollard, E., M. D. Hooper & N. W. Moore 1974: Hedges, London.

Puchstein, K. 1980: Zur Vogelwelt der schleswig-holsteinischen Knicklandschaft mit einer ornitho-ökologischen Bewertung der Knickstrukturen, Corax 8, 63–106.

Schröder, H. 1988: Zur Bedeutung der Wallhecken in einem Agrarökosystem Schleswig-Holsteins. I- Besiedlung der Wallhecken durch Vögel, Z. f. Kulturtechnik und Flurbereinigung 29, 294–299.

Schupp, D. & H.-J. Dahl 1992: Wallhecken in Niedersachsen, Informationsdienst Naturschutz Niedersachsen 5/92.

Siebels, G. 1954: Zur Kulturgeographie der Wallhecke, Schriften der Wirtschaftswissenschaftlichen Gesellschaft zum Studium Niedersachsens, N. F. 51.

Stachow, U. 1988: Zur Bedeutung der Wallhecken in einem Agrarökosystem Schleswig-Holsteins II. Laufkäfer (Carabidae, Col.), Z. f. Kulturtechnik und Flurbereinigung 29, 299–306.

Stoppel, H. 1973: Unsere Knicks in der alten bäuerlichen Wirtschaft. Die Heimat 80, 348–253.

Streeter, D., R. Richardson & W. Dreyer 1988: Hecken: Lebensadern der Landschaft, dtv Sachbuch.

Struck, G. 1940: De Knick, de Lieferant för de Klüterkamer. Die Heimat 50, 106–109.

Tischler, W. 1948: Biozönotische Untersuchengen an Wallhecken. Zool. Jahrb. Abt. Syst. Ökol., Geogr. 77, 283–400.

Tischler, W. 1951: Die Hecke als Lebensraum für Pflanzen und Tiere, unter besonderer Berücksichtigung ihrer Schädlinge. Erdkunde 5, 125–132.

Troll, C. 1951: Heckenlandschaften im maritimen Grünlandgürtel und im Gäuland Mitteleuropas. Erdkunde 5, 172–177.

Von Stamm, S. & K.Weisheit (Red.) 1996: Ökosystemforschung an Wallhecken in Schleswig-Holstein, EcoSys, Beiträge zur Ökosystemforschung 5, Kiel.

Weber, H. 1973: Über die Vegetation der Knicks in Schleswig-Holstein. Mitteilungen der Arbeitsgemeinschaft für Floristik in Schleswig-Holstein und Hamburg 15.

Ziesemer, F. 1995: Die Brutvögel einer Knicklandschaft im ostholsteinischen Hügelland, Corax 16, 260–270.

Zwölfer, H., G. Bauer, G. Heusinger & D.-H. Stechmann 1984: Die tierökologische Bedeutung und Bewertung von Hecken. Berichte der ANL (Akademie für Naturschutz und Landschaftspflege) Laufen/Salzach, Beiheft 3, Teil 2.

Zwölfer, H. & Stechmann, D.H. 1989: Struktur und Funktion von Hecken in tierökologischer Sicht. Verhandl. Gesell. Ökol. 17, 643–656.

Internetquellen:

Der Erlass des Umweltministeriums vom 20.1.2017 zu den Durchführungsbestimmungen zum Knickschutz wurde am 7.2.2017 veröffentlicht: www.schleswig-holstein.de/DE/Fachinhalte/N/Downloads/DB_Knickschutz.html

https://www.heimatbund.de/umwelt/433-knickwettbewerb.html

https://schleswig-holstein.nabu.de/natur-und-landschaft/knicks/index.html

www.wildes-sh/rund-um-natur/rezepte

Jürgen Eigner

Dr. Jürgen Eigner, Jahrgang 1944, wuchs in der Nachkriegszeit in der zerstörten Altstadt von Kiel auf. Schon in seiner frühen Jugend zog es ihn hinaus in die Natur, wo er im Deutschen Jugendbund für Naturbeobachtung einen Grundstock an Kenntnissen zunächst der Vogelwelt, dann zunehmend auch der Pflanzen erwarb. Er studierte Botanik, Zoologie und Bodenkunde in Kiel und Nantes. Nach der Promotion über ein pflanzenökologisches und -systematisches Thema war er zunächst Wissenschaftlicher Assistent am Botanischen Institut Kiel. Danach wurde er Dezernent für Pflanzenökologie und Pflanzenartenschutz und später Leiter der Fachbehörde für Naturschutz und Landschaftspflege in Schleswig-Holstein. Schwerpunkte seiner Arbeit waren die naturschutzfachliche Bewertung sowie die Pflege und Entwicklung schutzwürdiger Ökosysteme wie Knicks, Heiden, Dünen, Trockenrasen und Moore. Hierzu hat er zahlreiche Publikationen verfasst und war auch an etlichen Buchprojekten beteiligt. Zusammen mit Eckhard Schmatzler verfasste er ein »*Handbuch des Hochmoorschutzes*«. Daneben war und ist er bis heute ehrenamtlich im Naturschutz und in der Landeskunde tätig. Von 2000 bis 2016 war er Erster Vorsitzender des traditionellen Vereins zur Pflege der Natur und Landeskunde in Schleswig-Holstein, Hamburg und Mecklenburg, der seit 1891 die Zeitschrift »*Die Heimat*«, seit 2003 unter dem Titel »*Natur und Landeskunde*« herausgibt. Daraus entstand auch seine zeitgeschichtliche Veröffentlichung zur Entwicklung von Verein und Zeitschrift im gesellschaftlichen Wandel mit dem Titel: »*Aus 125 Jahren DIE HEIMAT*«. Nach seiner Pensionierung besann er sich wieder auf seine Wurzeln als Pflanzenkenner und vermittelt sein Fachwissen zur Biologie und Ökologie der Pflanzen, aber auch zu ihrer Wirkung als Heilpflanzen und in der volkskundlichen Botanik in Form einer Art ganzheitlicher Pflanzenkunde in Seminaren und auf Exkursionen in verschiedenen Lebensräumen. Zunehmend beschäftigt er sich mit der Kraft und der Heilwirkung unserer heimischen Baumarten. Hierzu veranstaltet er Seminare und Führunen mit praktischen Übungen, in denen er zeigt, was Bäume für uns Menschen bedeuten und leisten können.

Holger Gerth

Prof. Dr. Holger Gerth ist im Kreis Plön auf einem landwirtschaftlichen Betrieb mit zahlreichen Knicks aufgewachsen und lebt heute noch dort mit seiner Familie. Er hat an der Christian-Albrechts-Universität in Kiel Agrarwissenschaften studiert und dort mit einem agrarökologischen Thema promoviert. Nach langjähriger Tätigkeit an der Landwirtschaftskammer Schleswig-Holstein als Abteilungsleiter für Natur- und Umweltschutz sowie als Geschäftsführer einer Kammertochter mit dem Aufgabenschwerpunkt Landschaftsplanung ist er seit 2006 an der Fachhochschule Kiel, Fachbereich Agrarwissenschaften, als Professor mit den Themen Nachhaltigkeit sowie Natur- und Umweltschutz tätig.

Naturverbundenheit prägte ihn seit Jahrzehnten. So engagierte Holger Gerth sich früh für Naturschutz und Artenvielfalt in seinem Umfeld. Vor knapp 40 Jahren gründete er in seiner Heimatgemeinde Ruhwinkel, wo er zwölf Jahre als ehrenamtlicher Bürgermeister wirkte, einen Naturschutzverein, der ein örtliches Naturschutzgebiet betreut und mit Themen des Natur- und Umweltschutzes Mitbürger begeistern kann.

Auf seinem Hof betreibt er seit Langem eine Hobbyimkerei und nimmt so die vielen Umwelteinflüsse auf die Insektenwelt wahr. Weitere Lieblingsbeschäftigungen sind das Radfahren sowie das Wasserwandern u.a. auf der Schwentine.

Landesweit ist Holger Gerth im Schleswig-Holsteinischen Heimatbund als Mitglied im Präsidium aktiv und bearbeitet den Bereich Naturschutz. Dabei stehen neben vielen anderen Themen die schleswig-holsteinischen Knicks im Fokus, für die er gemeinsam mit Naturschutzvertretern und Landwirten mehrere Wettbewerbe um die am besten erhaltenen Wallhecken im Land organisiert hat. Ein weiterer Schwerpunkt sind die Alleen, die ebenfalls landeskulturell und ökologisch von Bedeutung sind.

Im Jahre 2011 wurde Holger Gerth von der Agrar- und Umweltministerin Juliane Rumpf zum Landesnaturschutzbeauftragten für Schleswig-Holstein berufen. Minister Robert Habeck verlängerte um eine weitere fünfjährige Periode. Zu den Kernaufgaben gehört, Belange des Naturschutzes an Mitbürger zu vermitteln. Zudem gilt es, einen Interessensausgleich zwischen den Nutzern, hier insbesondere den Landwirten, und den ökologischen Erfordernissen für eine nachhaltige Zukunft zu unterstützen.

Bildnachweis

Jürgen Eigner Vorsatz, 18, 19, 20, 24 (2x), 26 (2x), 29, 31, 33 (2x), 42, 53, 54/55, 60 (2x), 62, 63 (2x), 66 (2x), 68, 69, 71 (2x), 73 (2x), 90 (2x), 91, 98 (2x), 101 (2x), 102, 106 oben, 113 (2x), 118, 119 (2x)

Henning Thiessen Cover, 4, 16, 58/59, 61, 70, 72, 74/75, 88/89, 92/93, 94/95, 96/97, 103, 108, 110/111, 112, 118/119, 120/121, Nachsatz

Klaus Dürkop 76/77, 78/79, 80/81, 82/83, 84/85, 86/87, 99, 100, 104, 114/115, 116/117

Carsten Pusch 36, 37, 38, 39, 40, 41, 107 oben

Dirk Schieder 35, 105 (oben rechts und links, unten links)

Fritz Heydemann 46, 47, 50, 52, 67

Axel Jahn 37, 105 unten rechts, 106 unten, 107 unten, 109 unten

Björn Schulz 109 oben

Mehr zu unseren Büchern
www.kjm-buchverlag.de

Karsten Reise & Alex S. McLean
DÜNEN
Wiederentdeckung einer geheimnisvollen Landschaft
Mit vielen farbigenFotografien 192 Seiten,
Hardcover, 16,00, ISBN 978-3-96194-069-1

Hans-Helmut Popendieck & Helmut Schreier
BAUMLAND Was Bäume erzählen
Mit Fotografien von Christian Kaiser u.a.
376 Seiten, Hardcover, 24,00 €
ISBN 978-3-96194-095-0

Marcus Fischötter, Von oben
Faszination Norddeutschland
Bilder und Geschichten
272 Seiten, zahlr. Luftbilder, Hardcover, 24,00 €
ISBN 978-3-96194-078-3

Marcus Fischötter, Von oben
Norddeutschland bei Nacht
Bilder und Geschichten
216 Seiten, zahlr. Luftbilder, Hardcover, 24,00 €
ISBN 978-3-96194-079-0

Martin Stock
Meerlandschaften – Im Rhythmus der Gezeiten
Fotografien von Martin Stock, Texte von Martin Stock u.a.
172 Seiten, Hardcover, Großformat 24,00 €
ISBN 978-3-96194-096-7

Claus-Peter Lieckfeld
Die Wiederkommer – Erzählungen und eine Analyse
Mit Illustrationen von Lena Winkel
144 Seiten, Hardcover, 16,00 €
ISBN 978-3-96194-114-8

Georg Winter (Hrsg.)
Der Schüler mit dem Wegerich
Loki Schmidt zum 100. Geburtstag
180 Seiten, Hardcover, 16,00 €
ISBN 978-3-96194-069-1

Eckart Brandt
Das Bienenbuch vom Apfelmann
Geschichte & Mythos + Traditon & Aktuelles
128 Seiten mit vielen Abb., Hardcover, 16,00 €
ISBN 978-3-96194-047-9

Mehr zu unseren Büchern
www.kjm-buchverlag.de

KJM Buchverlag

Anzeige

FAWESCO
FOOD-KONZEPT-WERFT

Nur was lebendig gehalten wird, hat eine Zukunft!

KNICK-GETREIDE WAS IST DAS?

Gemeint ist das Getreide, das in der einzigartigen Knick-Landschaft des Nordens überwiegend in Schleswig-Holstein, aber auch in wenigen Teilen Hamburgs auf den meist besonders kleinen Äckern angebaut und geerntet wird. Die den Acker umgebenden »Knicks«, also die schmalen Strauch- und Buschstreifen, auch als Wallhecken bezeichnet, schützen das zwischen ihnen liegende Land vor Wind und Erosion, geben Schatten und halten den Boden feucht. Diese lebenden Zäune bieten Lebensraum für zahlreiche Tiere und Pflanzen. Die Zahl der in den Knicks lebenden Tierarten wird auf ungefähr 7.000 geschätzt. Knicks erhalten aktiv die Biodiversitat der Natur und sind besonders freundlich zu Insekten und Wildbienen.

Die regionalen Markenprodukte von AHOI leisten durch die Verarbeitung von Knick-Getreide und anderen landwirtschaftlichen Produkten aus dieser Knick-Landschaft einen aktiven Beitrag zum Erhalt des schones Landschaftsbildes mit den »Knicks« des Nordens.

Als Motivator der konventionellen Landwirtschaft sehen wir es als unsere Pflicht, stärker auf die Umwelt zu achten und auf den Einsatz von Pflanzenschutz und Düngern in vernünftigen Schritten zu verzichten. Bereits biologisch arbeitende Betriebe wollen wir in ihrer Entscheidung und ihrem Weg stärken. Wir möchten so die vernünftig agierende Landwirtschaft mit unseren Mehrwert-Produkten ansprechen, sich der Knicks anzunehmen und das Landschaftbild in diesem Sinn zu pflegen, zu erhalten und neue Knicks zu pflanzen.

Blühstreifen für besondere Bienenfreundlichkeit und Flächen für bodenbrütende Vögel, wie z. B. Lerchen- und Kiebitzfenster, gehören auch dazu. Diesen besonderen Naturschutz und den Erhalt alter Sorten wollen wir in jeder Hinsicht mit Ihnen gemeinsam mit unseren AHOI-Produkten fördern.

Jetzt in 5 Sorten in vielen Einzelhandelsgeschäften in Schleswig-Holstein und in Hamburg

AHOI ... aus Prinzip
Wir fördern die heimische Knicklandschaft! Denn wir verarbeiten echtes Knick-Getreide in unseren konventionell hergestellten Backwaren

WAS IST DRINNEN? Gut zu wissen, wo es herkommt! Besser zu wissen, was drinnen steckt! Wir verwenden nur natürliche Zutaten. Nichts drinnen, was nicht darauf steht! Garantiert keine versteckten Zutaten! Sämtliche Zutaten sind in der Reihenfolge ihrer verwendeten Mengen in den Zutatenlisten angeben. Traditionelle Rezepte mit besten Zutaten zu vereinen ist unser Weg. Das schmeckt man!

QUALITÄT & REINHEIT Unser sorgsam angebautes Knick-Getreide wird besonders schonend geerntet und getrennt gelagert. Danach dann garantiert ohne Verwendung von Wasser von den allgemeinen Umwelteinflüssen nach dem AHOI-Prinzip besonders gereinigt und damit auch im Geschmack deutlich verbessert. Oder wie wir sagen: im Genuss veredelt.

NACHHALTIG & REGIONAL Wir bevorzugen stets den unter Nachhaltigkeits-Gesichtspunkten regionalen handwerklichen Hersteller, der unseren hohen Qualitäts-Anforderungen entsprechen kann. Wir fördern damit auch das regionale Bäckerei-Handwerk und arbeiten eng mit den besten Bäckern des Nordens für AHOI zusammen. Wir verstehen unser AHOI-Prinzip und alle Produkte damit auch als aktiven Beitrag gegen den Klimawandel.

VERPACKUNGEN Bei Verpackungen verzichten wir auf Kunststoff, wo wir können. Unsere »AHOI Kornschnacker Vollkornbrote« werden deshalb auch in Holzkörben aus Erlenholz und Peraminpapier hergestellt und verpackt. Diese kann man ruhig mehrfach zu Hause für eigene Zwecke verwenden und z. B. selbst darin einen Kuchen backen.

UNSER MOTTO Aus dem Norden für den Norden! Machen Sie mit! Erhalten Sie mit uns das schöne Landschaftsbild und genießen Sie den unverfälschten nordischen Geschmack unserer AHOI-Produkte.

www.nordisch-purer-genuss.de

Alle unsere in Schleswig-Holstein aus »Knick-Getreide« hergestellten »AHOI! Kornschmecker« Roggenvollkornbrote sind ausgezeichnet mit dem Gütezeichen:

Geprüfte Qualität
Schleswig-Holstein